AF268277

DE LA
CHAMBRE DES PAIRS

ET

DE SA DISSOLUTION,

OU

RÉFLEXIONS D'UN MAÇON

ADRESSÉES A SES AMIS LES MAÇONS ET A TOUTES LES COTERIES DE BATIMENT ;

Par Gabriel V***.

Vendu au profit des Ouvriers sans ouvrage.

> Un empire est comme une maison, il faut que les matériaux soient bons et les fondations solides, pour qu'il dure long-temps.

PRIX : 75 CENT.

PARIS,

CHEZ BARBA, ÉDITEUR,

AU PALAIS-ROYAL, GALERIE DE CHARTRES, N°s 2 ET 3.

1831.

COTERIES ET CHERS AMIS,

On s'occupe depuis long-temps de l'organisation de la Pairie. Je sais que cela devrait nous être indifférent, car ce n'est pas parmi les maçons que l'on choisit les Pairs de France. Cependant, comme on nous permet d'émettre notre opinion, je viens, ainsi qu'un orateur, vous soumettre mes réflexions sur cette grande affaire. Je féliciterai d'abord nos honorables mandataires d'avoir rejeté l'hérédité. Seulement, je trouve qu'ils ont perdu beaucoup de temps à éclaircir une question qui me paraît très-simple. Car, si j'avais eu l'honneur d'être député, voici quel aurait été mon discours : *La France et son gouvernement repoussent les priviléges. L'hérédité est un privilége, donc la France et son gouvernement repoussent l'hérédité.* Je sais que MM. Thiers, Guizot et Royer-Collard nous ont prouvé, dans des discours pleins d'érudition, qu'une chambre héréditaire était un pouvoir conservateur. Que, placée entre le trône et la nation, cette chambre se trouvant à la fois indépendante et du peuple et du souverain, elle leur était utile à tous les deux. Pour toute réponse, j'aurais montré à ces profonds orateurs, d'un côté des tombeaux, et de l'autre Holy-Rood ! Vous concevez bien, mes chers amis, que tout ce que je vous dis là n'est bon qu'entre nous. C'est du raisonnement de maçon, de la logique de peuple, et que je me garderais bien d'adresser à nos grands hommes d'état, qui s'en moqueraient comme M. Sébastiani se moquait, il y a quelque temps, de la politique de café. Mais laissons cela pour le moment, et revenons au sujet de ma brochure : la dissolution de la chambre des Pairs actuelle.

J'entre en matière.

Charles X a régné. Le temps du bon plaisir n'est plus. L'empire dés lois et une dynastie nouvelle commencent.

Qui a fait cette révolution ?

Le peuple.

Qui doit en profiter ?

Le peuple.

Qu'est-ce que la Chambre des Députés ?

Les élus et les représentans du peuple.

Qu'est-ce que la Chambre des Pairs ?

Les élus et les favoris du trône.

Du moment que le trône tombe, ses favoris tombent et disparaissent avec lui, car leur légitimité n'est pas plus inviolable que la sienne ; par conséquent la Chambre des Pairs n'existe plus. Et, en effet, ce corps doit être, par son institution, le soutien et la sauve-garde de la dynastie qui l'a nommé. Du moment qu'il n'a pu, soit faute de lumières ou de courage, sauver cette dynastie, il ne peut offrir ni confiance, ni sécurité à la dynastie nouvelle, et par conséquent inspirer un grand respect à la nation. N'ayant pu empêcher le mal qui a eu lieu, ni contribuer au bien qui vient de se faire, n'ayant su défendre ni ses droits ni les nôtres, il ne doit obtenir aucun prix de la victoire. Cette victoire a été pure et sans tache, il faut que ses résultats le soient également.

Dans la Chambre des Pairs, il y a sans doute un très-grand nombre d'honorables exceptions. Mais, en général, cette Chambre se compose des transfuges de tous les partis.

Soldats sans drapeau, citoyens sans patrie, Suisses politiques, qui servent indistinctement tous les pouvoirs qui les achètent. Ce n'est pas pour assurer leurs titres et leurs dignités que la France aura versé son sang ! L'origine de la Pairie doit être une récompense nationale et non le prix du parjure. Il faut que ceux qui formeront le noyau de ce premier corps de l'Etat soient dignes de lui appartenir par des services rendus à la patrie. Il faut que les vertus de chacun de ses membres répandent sur le corps entier un éclat qui ne soit plus imposteur.

On nous dit : *Que désormais la Charte sera une vérité.* Il faut aussi que l'honneur ne soit plus un vain mot.

La mesure prise par la Chambre des Députés, et relative à la Chambre des Pairs, est suivant nous nulle et illusoire.

Rappelons ce qui s'est passé.

Une lutte s'est engagée entre Charles X et la France. Charles X, étant le maître, a révoqué la Chambre des Députés pour en créer une autre à sa guise. La France, en renommant la même Chambre, a triomphé ; et, pour marque de sa victoire, elle a, par l'organe de ses nouveaux mandataires, prononcé la déchéance du souverain et, par conséquent, de tous les pouvoirs qui se rattachaient à sa puissance. La Chambre des Pairs étant un des élémens de cette puissance, a donc dû nécessairement tomber avec elle.

Les Députés ont également proclamé une nouvelle dynastie et un nouveau roi. Mais cette déchéance et cette élévation au pouvoir suprême ne sont pas le fait de la puissance de la Chambre des députés, c'est la volonté de la France, exprimée par l'intermédiaire de ses représentans.

Ces deux grandes mesures une fois exécutées, la Chambre rentre dans la légalité de ses attributions fixées par la Charte qu'elle a voulu conserver. Elle ne peut donc pas, d'après cette légalité, dissoudre ou épurer une Chambre qui, dans la hiérarchie des pouvoirs consacrée par la Charte, est au-dessus d'elle.

La partie de la Chambre des Pairs conservée par la décision de la Chambre des Députés l'est donc illégalement, de même que la partie illiminée l'est arbitrairement.

La Chambre des Députés a déclaré que toutes les nominations de Pairs faites sous le règne de Charles X étaient nulles. Pourquoi donc les autres nominations, faites par le même souverain dans l'armée, l'administration et la magistrature, ne le sont-elles pas également?

Les magistrats, dit-on, sont inamovibles, et l'on doit respecter ce principe sacré de notre législation actuelle, et l'un des principes fondamentaux de l'ancienne Charte. Mais cette Charte avait aussi consacré les droits de la Pairie. La magistrature n'était qu'inamovible, la Pairie était héréditaire ; pourquoi donc avoir puni dans les enfans et dans leur postérité l'iniquité de ceux dont ils descendent ?

En supprimant un certain nombre de Pairs, on a voulu punir les fauteurs de nos troubles et de nos divisions. Mais le but de cette grande mesure est-il atteint ? Tous les coupables ne sont pas à la Chambre des Pairs ; il y en a dans l'armée, dans l'administration, dans la magistrature. Et, d'après le principe émis par la Chambre des Députés, il s'en suivrait que les coupables de ces dernières classes seraient inviolables et privilégiés.

La mesure de la Chambre des Députés est donc illégale et insuffisante.

Elle est illégale en ce que cette Chambre s'arroge un pouvoir qui ne lui appartient pas. Car de deux choses l'une : ou la Chambre des Pairs existait encore de fait et de droit après la chûte de Charles X, ou elle n'existait plus. Dans le premier cas, la Chambre des Députés, qui n'est que la seconde Chambre du royaume, et qui ne peut juger ni ses propres membres ni les ministres, ni aucun des agens de l'autorité, ne pouvait donc pas, à plus forte raison, juger ou épurer la Chambre des Pairs, qui lui est supérieure en droits et en priviléges. Dans le second cas, la Chambre haute n'existant plus, il n'appartient pas à la Chambre des Députés de créer un nouveau pouvoir dans l'État, et d'investir de la Pairie tous ceux que bon lui semble.

La mesure est également insuffisante , parce qu'elle n'atteint pas tous les coupables, qu'elle évince des hommes honorables, et qu'elle en conserve de peu dignes.

Cette mesure n'a pas non plus la dignité qu'elle doit avoir, elle a l'air d'un triomphe de coterie , d'une colère de parti. Elle rappelle trop l'épuration de l'Institut et l'exclusion de Manuel. La France ne s'abaisse pas à de pareilles vengeances.

La Chambre des Pairs , en consentant au renvoi de soixante-douze de ses membres , a proclamé , par ce fait , l'acte de sa déchéance. Elle s'est suicidée, elle s'est privée du seul principe de vie qui pouvait la faire surgir aux événemens , de son inviolabilité. On peut maintenant la dissoudre , la casser, la réorganiser, sans qu'elle ait le droit de s'en plaindre ; car le glaive qui la frappera fut forgé par elle.

J'ajouterai encore : ou les membres éliminés déshonoraient la Chambre des Pairs, ou ils étaient dignes d'en faire partie. Dans le premier cas , pourquoi les avoir admis sans protestation ? Et dans le second , pourquoi avoir consenti lâchement à leur dégradation ?

La révolution de juillet pardonna à la Chambre des Pairs. Nous n'examinerons pas si cette Chambre s'est montrée depuis lors digne d'une telle indulgence. Nous ne rechercherons pas tous les faits qui pourraient déposer contre elle. Nous ne citerons pas les noms des orateurs qui , dans de scandaleux discours , crurent faire preuve de courage , en insultant à la France dans la personne du chef qu'elle s'est choisi. Nous déclarons seulement, dans notre conviction, que tout Pair de France, qui a fait à la tribune l'éloge de Charles X en prêtant serment de fidélité à Louis-Philippe, a commis une action honteuse.

« Renoncer aux Dieux que l'on croit dans le cœur,
» C'est le crime d'un lâche et non pas une erreur. »

Nous savons que pour pallier une telle conduite, il y a de ces orateurs qui ont poussé l'assurance jusqu'à déclarer que la plus grande preuve de dévoûment qu'ils pussent donner à la patrie, était de prêter serment à Louis-Philippe, et de consentir à rester Pairs de France. S'il ne s'agissait pas d'une chose aussi sérieuse, cette déclaration serait la facétie la plus burlesque que l'on puisse imaginer.

La Chambre des Pairs est déchue par le fait, par le droit, par la raison, par la justice et l'opinion publique. Ce corps ne peut se réclamer ni de son utilité pour le repos, la prospérité et la gloire de la France, ni de son indispensable concours pour l'affermissement de la dynastie nouvelle. Rien ne plaide en sa faveur, ni la politique, ni la reconnaissance.

Charles X avait dissous la Chambre des Députés pour l'avilir. La France doit dissoudre la Chambre des Pairs pour l'honorer.

Tout Pair de France qui s'opposerait à cette dissolution, qui refuserait de courir les chances d'une nouvelle élection et qui n'oserait dire à ses concitoyens : *interrogez ma vie et jugez qui je suis*, avoûrait par cela même qu'il n'est pas digne du titre qu'il porte.

C'est en vain que l'on objecterait que la Chambre des Pairs étant instituée par la Charte, on ne peut pas dissoudre cette Chambre sans violer notre pacte fondamental. La Charte avait aussi reconnu la légitimité et l'inviolabilité du monarque, et cependant le trône est renversé, Charles X est proscrit et un nouveau roi commande. La Chambre des Pairs est-elle plus sacrée que la royauté, et peut-elle prétendre surgir à un tel événement ?

Ce serait avec non moins de raison que l'on ajouterait encore : que dans un moment de crise comme le nôtre, on doit se garder de mettre la légalité de la Pairie actuelle en question ; que ce corps offre une grande sécurité pour le présent, et une garantie de paix et de repos pour l'avenir ; qu'en portant atteinte à la Pairie, on se ferait un grand nombre d'ennemis, ce qui est de la prudence et de la politique d'éviter. Ce raisonnement est le même que l'on fait à chaque révolution et à chaque changement de pouvoir. On croit agir sagement en faisant une espèce de macédoine politique, en mêlant les débris de ce qui tombe avec les élémens de ce qui s'élève. Et cependant l'expérience a prouvé que cette fusion a toujours été funeste au Gouvernement qui l'a effectuée. Napoléon a été renversé par les anciens nobles qu'il avait appelés près de sa personne, et non par ceux qu'il en avait éloignés. Le Sénat, ce composé de républicains, de chouans, de jacobins, d'émigrés et de parvenus, n'a pu sauver ni l'empereur ni l'empire. Les Pairs de la restauration, nommés d'après le même principe, n'ont pu empêcher les cent-jours. Les Pairs des cent-jours ne nous ont pas préservé de la seconde invasion. Les Pairs de la restauration nouvelle n'ont pu arrêter les réactions, ni empêcher la formation des Cours Prévôtales, de ces tribunaux ambulans qui allaient de ville en ville mendier des coupables et moissonner des dénonciations, et qui couvrirent la France de délateurs et d'échafauds.

La Chambre des Pairs actuelle, débris de toutes les époques, de tous les partis, de toutes les factions, de toutes les coteries, n'offre donc pas dans son ensemble cette garantie morale des beaux caractères, et n'inspire pas le respect qui doit être l'apanage du premier corps d'une grande nation,

Ce n'est pas seulement pour repousser l'oppression et conquérir nos droits, que nous avons combattu. Ce n'est pas pour la liberté seule que nous avons versé notre sang, c'est pour l'honneur et la vertu; c'est afin que la tartufferie, le parjure, l'adulation et la bassesse ne soient plus des moyens de parvenir.

Si la Chambre des Pairs veut un exemple à suivre, qu'elle regarde ce peuple qui vient de reconquérir les droits que cette Chambre n'avait pu lui conserver. Qu'elle le contemple après ses héroïques efforts, après une lutte aussi sanglante et un succès si chèrement acquis ! Qu'elle admire ce peuple noble et généreux qui, pour prix de sa victoire, ne demande que l'exécution des lois, du travail et la liberté. Qu'elle s'incline avec respect devant ces citoyens à-demi vêtus, qui, dans le palais des rois qu'ils venaient d'emporter d'assaut au milieu des baïonnettes et de la mitraille, respectaient les trésors que la victoire avait mis dans leurs mains, et qui, semblables à ces preux chevaliers qui dédaignaient les dépouilles des vaincus, ne rapportèrent du combat que l'honneur et leur indigence.

Que celui d'entre les Pairs de France qui pourrait s'énorgueillir d'en avoir fait autant, et qui pourrait dire : je luttai contre un parti oppresseur, au péril de ma liberté et de mes jours, la victoire couronna mes efforts. Je pouvais, après cette victoire, obtenir richesse, honneurs et dignités. Je refusai tout. Que cet illustre Pair paraisse, et le peuple à l'instant lui élève un autel.

« N'ayant rien fait pour nous, ils n'ont rien mérité. »

Quand la France et le trône étaient poussés vers l'abîme par un parti oppresseur et fanatique, qu'a fait la Chambre des Pairs pour signaler ou prévenir tous les malheurs qui nous menaçaient ? Rien.

Cette Chambre a vu le mal, ou ne l'a pas vu. Elle l'a blâmé ou approuvé. Si elle l'a vu, pourquoi ne l'a-t-elle pas signalé au souverain qui peut-être ne l'apercevait pas ? Elle a donc trahi ce souverain, elle a donc violé le serment qu'elle lui a prêté, car elle n'a été ni fidèle ni loyale, et dès-lors elle doit être déchue.

Si elle n'a pas vu le mal, elle est sans lumières et sans prévoyance. Ayant été inutile à ceux qui l'ont nommée, elle le serait également à ceux qui la conserveraient ; ne servant à rien, elle doit être déchue.

Si elle a blâmé le mal, elle ne l'a fait que mentalement ; elle n'en a donné aucune preuve matérielle, soit par des protestations ou des remontrances ; elle a donc manqué de courage et de vertu.

« Qui souffre le crime a part à l'infamie. »

Elle doit être déchue.

Si enfin elle a applaudi au mal qui s'est fait, sa forfaiture ne peut rester sans châtiment, et la honte s'attachant à son nom, elle doit être déchue.

Il est pénible de le dire ; mais, hélas ! c'est une triste vérité : la Chambre des Pairs n'est pas digne de la nation. Comment, dans ces temps de crises, il ne s'est pas montré un seul beau caractère, pas un seul qui soit digne de l'histoire et de la postérité ?

Comment, parmi ces grands dignitaires, aucun n'a eu le courage d'attacher son nom à une protestation publique, n'a montré assez de dévoûment pour dire la vérité au roi, pour la lui dire en face et en présence de la France ? Aucun ne s'est servi de son nom, de son caractère, de son titre de Pair de France pour lutter contre le pouvoir infâme qui nous régissait? Et cependant, il y avait peu de danger à le faire, on ne courait que la chance de perdre des pensions et de conserver l'honneur; on a préféré les pensions.

Ah! quand Boissy-d'Anglas présidait la Convention, et qu'au milieu des baïonnettes qui menaçaient sa poitrine, il refusait d'obéir à une populace effrénée, qu'il était grand auprès de vous! Qu'il était grand, surtout lorsque les assassins ayant placé la tête d'un de ses collégues sur son bureau, pour lui montrer le sort qui l'attendait, loin d'être attéré par cet affreux spectacle, il se leva, salua avec respect la tête de Féraut, et conserva devant ce signe de mort toute sa vertu et toute sa dignité! Honneur! mille fois honneur à de tels caractères! Voilà les Pairs de France qu'il faut à la nation.

Et vous vous croyez grands, vous qui paraissez après le danger, à la fin du combat, au moment de la victoire, et qui venez sur vos trétaux faire parade de vos sentimens; qui vous croyez des héros de fidélité parce que vous adressez quelques regrets, qui ne vous exposent à aucun danger, au souverain que vous avez mal servi, abandonné ou trahi. Mais ces regrets ne sont même pas sincères. Ce sont des précautions que vous prenez pour un avenir qui vous paraît incertain; c'est l'intérêt qui vous guide et non le sentiment. Et c'est par politique que vous faites de la reconnaissance. Vos phrases sonores n'en imposent à personne. Ces déclamations à la chevaleresque ne sont que ridicules et absurdes, c'est de la fanfaronnade et du donquichotisme, et la France ne croit pas plus à vos sermens qu'à votre dévoûment. Du dévoûment! grand Dieu! quand le prince qui vous accabla de ses bienfaits, qui vous combla de richesses et d'honneurs est proscrit et malheureux, et que ses malheurs viennent de vous avoir écouté, vous osez prononcer son nom et parler de dévoûment! Laches! ce monarque infortuné n'avait pas encore quitté le sol de la France, de cette France qui lui fut chère, de cette France où sa famille régna pendant huit siècles, de cette France qui lui prodigua dans les premiers temps de son règne tant de respects et d'amour, et qui lui en prodiguerait encore sans vos perfides conseils et vos lâches trahisons. Et déjà vous étiez aux pieds du nouveau pouvoir, de ce pouvoir d'un jour, que vous n'avez pu faire, ni empêcher! Ne voit-on pas le motif qui vous guide; vous voulez conserver vos titres et vos dignités pour les transmettre à vos descendans, mais la France ne le souffrira pas. Et ces manteaux, qui couvrirent si long-temps votre orgueil et votre nullité, resteront suspendus aux voûtes du Luxembourg, jusqu'à ce que vos fils, par des services rendus à la patrie, viennent les y conquérir; c'est alors qu'ils pourront les reprendre, et qu'il y aura de l'honneur à pouvoir les porter..... Mais qu'entends-je! quels sons lugubres font retentir les airs! quel est cet appareil funèbre? Pourquoi ces drapeaux en deuil et ces tambours voilés du crêpe de la

mort ?..... La mort elle-même a pris soin de me l'apprendre ; je lis sur le bandeau sanglant qui entoure sa tête : 27, 28 et 29 juillet.... C'est l'anniversaire des grandes journées !.... La France en deuil s'apprête à honorer la mémoire de ses héroïques enfans, qui moururent pour la sauver. Dans cet imposant cortége, j'aperçois la Chambre des Pairs, dont l'orateur se dirige vers la tombe. Il va parler. Mais soudain l'ombre d'un des héros apparaît, il est sanglant et mutilé comme au jour du combat. Arrête ! lui dit-il : « Je viens
» du sein des morts, au nom de mes compagnons,
» repousser tes éloges. La présence des Pairs en
» ces lieux est pour nous le plus affreux des ou-
» trages. Que faisaient-ils, ces grands dignitaires,
» lorsque les balles et la mitraille nous déci-
» maient, lorsque à l'horreur du combat s'of-
» frait une horreur plus grande encore, celle
» de voir des Français s'égorger entre eux. Ré-
» ponds, que faisaient-ils ? Les vit-on s'interpo-
» ser entre les combattans ? Vinrent-ils revêtus
» de cette hermine qui les rend si fiers, présen-
» ter leurs manteaux pour égide aux citoyens
» que l'on massacrait ? Non ! à l'abri du danger,
» ils attendaient tranquillement l'issue du com-
» bat, et appelaient sans doute de leurs vœux la
» victoire sur un parti qu'ils servirent avec tant
» de zèle et de constance. Mais ces vœux furent
» vains, nos efforts furent couronnés du succès,
» nous fûmes vainqueurs. Et souviens-t-en, pour
» toute vengeance, nous t'avons pardonné.....
» Nous t'avons pardonné ! Et dans ce jour, tu

» réclame le prix de la victoire, tu veux qu'of-
» ferts en holocauste à ton orgueil, on grave sur
» la croix de bois qui indique notre hécatombe :
» *Hérédité de la Pairie.* Tu veux que nos com-
» bats, nos souffrances, notre mort, notre
» gloire, servent à consacrer le pouvoir de tes
» fils et le vasselage des nôtres. Non ! non !! une
» telle infamie ne s'accomplira pas !!! » A ces
mots l'orateur reste interdit et sans voix, et l'ombre en s'écriant : *la Chambre des Pairs n'est plus,*
disparaît dans la tombe.

Mandataires de la France, vous l'avez entendu !
Telles sont, mes chères coteries, les réflexions que je vous soumets. Si vous trouvez
qu'elles ne s'éloignent pas trop de la raison et
du bon sens, je vous en soumettrai d'autres sur
la réorganisation de la Pairie. Car, comme l'a dit
M. Casimir Perier, il ne suffit pas de démolir,
il faut reconstruire. Et vous savez, mes chers amis,
qu'en fait de construction, les maçons s'y con-
naissent.

FIN.

IMPRIMERIE DE DAVID,
BOULEVART POISSONNIÈRE, n° 4 *bis.*